AF242625
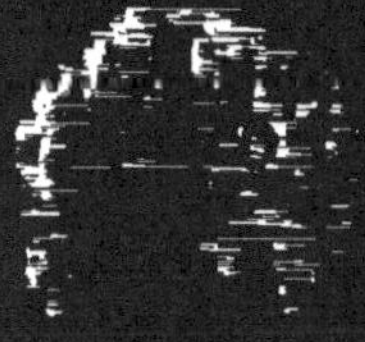

REQUISITION

DES
ACCUSATEURS NATIONAUX
PRÈS LA
HAUTE-COUR DE JUSTICE,

Sur les Déclinatoires de plusieurs accusés des 13, 15, 17 & 25 fructidor, an 4.

JUGEMENT
DE LA HAUTE-COUR,
Du 19 Vendémiaire, an 5e.

Qui rejette les Déclinatoires, ordonne qu'il sera passé outre à l'instruction du procès

A VENDOME, de l'Imprimerie de la Haute-Cour, chez MORARD, rue ferme, No. 1057.

An V.

OBSERVATION.

Le jour même de la Réquisition des Accusateurs nationaux, ont paru imprimés chez Vatard, à Paris, les Déclinatoires des accusés, ce qui, avant l'impression de la Réquisition, a mis à-même d'appliquer à cet ouvrage, les notes aux bas des pages portées au présent imprimé.

REQUISITION

DES

ACCUSATEURS NATIONAUX,

PRES LA

HAUTE-COUR DE JUSTICE,

Sur les Déclinatoires de plusieurs Accusés des 13, 15, 17 et 25 Fructidor, an 4.

Le compte qui vous a été rendu de la réclamation de 40 des détenus, en la maison de justice, près de la Haute-Cour, nous a fait reconnoître qu'elle s'étendoit à différens objets, la plupart absolument étrangers au déclinatoire qui en est le principal but.

Le rapporteur a cru devoir se borner à vous indiquer les points divers, sur lesquels les accusés ont multiplié leurs volumineuses observations; et après vous avoir fait sentir en peu de mots qu'elles ne pouvoient devenir la matière de votre délibération, il s'est attaché à analyser avec autant d'exactitude que de précision, tout ce que les mémoires des accusés présentent de moyens à l'appui du système dans lequel ils soutiennent qu'ils ne peuvent être justiciables de la Haute-Cour de Justice.

Nous imiterons la sage circonspection du rapporteur; nous nous dispenserons de suivre les accusés dans les digressions qu'ils se sont permises, et qu'eux-mêmes ont formellement reconnues n'être que des accessoires superflus.(1) Nous nous renfermerons dans la discussion des motifs d'incompétence opposés à la Haute-Cour par les accusés traduits devant elle; c'est-là le véritable objet de leur protestation; c'est l'unique point sur lequel la Haute-Cour puisse statuer en ce moment.

Les accusés puisent leurs premiers principes dans des sources bien pures et bien sacrées, c'est dans la déclaration des droits qu'ils lisent que *nul ne peut être appelé en justice, que selon les formes prescrites* : c'est dans l'acte constitutionnel qu'ils trouvent que *nul ne peut être distrait des Juges que la loi lui assigne.*

Des axiômes aussi certains et aussi solemnellement proclamés, ne seront sûrement pas contredits de notre part; mais n'est-ce donc pas, en vertu d'une loi, n'est-ce pas suivant les formes qu'elle a prescrites, que les accusés qui réclament aujourd'hui, ont été traduits devant la Haute-Cour de Justice?

La Loi du 24 Messidor porte que « tous pré-
» venus mis en état d'Accusation, pour compli-
» cité dans un crime, à raison duquel un Re-
» présentant du peuple est mis en Accusation par
» le Corps Législatif, seront traduits à la Haute-
» Cour de Justice pour y être jugés conjointement
»

____

(1) Page 48 de leur protestation imprimée en 107 pages.

» avec le Représentant du peuple, accusé du
» même délit. »

Or, dans l'espèce, le Représentant du peuple
Drouet a été mis en Accusation par le Corps
Législatif; les prévenus qui réclament, sont accusés du même délit; ils ont donc dû être traduits
à la Haute-Cour de Justice; ils ne peuvent être
jugés que conjointement avec le Représentant
du peuple Drouet.

C'est ici que les réclamans s'élèvent avec force.
ils étoient en Justice avant cette Loi du 24 Messidor dernier, traduits devant les Directeurs du
Jury de l'arrondissement de Paris. « C'étoient-là,
» disent-ils, les Juges que la Loi nous assignoit,
» nous ne pouvions en être distraits par une Loi
» *postérieure; aucune Loi ni criminelle, ni*
» *civile ne peut avoir d'effet rétroactif.*

» La Haute-Cour de Justice, continuent-ils,
» n'est établie par la Constitution que pour juger
» les Membres du Corps Législatif, et ceux du
» Directoire; elle ne peut procéder que sur des
» actes d'accusation, dressés et rédigés par le
» Conseil des Cinq-Cents, elle est incompétente
» pour connoître d'actes d'accusation admis par
» un simple Jury; elle est incompétente pour
» juger tout individu qui n'est ni directeur ni
» Membre du Corps Législatif. »

La Loi du 24 Messidor viole donc la Constitution, sous un double rapport, selon les
Réclamans; 1°. Parce que cette Loi est contraire

à l'article 204 qui veut que nul ne puisse être distrait des Juges que la Loi lui donne par d'autres attributions que celles qui sont déterminées par une Loi *antérieure*. 2°. Parce qu'elle étend la Juridiction de la Haute-Cour de Justice, à des Personnes autres que celles que la Constitution lui avoit soumises.

Le dépôt de la Constitution a été spécialement confié à la fidélité des Juges ; et tous les articles qui la composent, sans exception, doivent continuer d'être en vigueur tant que les changemens proposés par une Assemblée de révision, ne seront point acceptés par le peuple.

» Donc, concluent enfin les Réclamans, si » la Haute-Cour de Justice instruit contre nous, » elle violera la Constitution ; elle violera le dépôt » remis à sa fidélité ; elle se déclarera en guerre » ouverte avec la Société : mais, nous, conti- » nuent-ils, fondés sur l'article 7 de la décla- » ration des Droits qui porte : *Nul ne peut être* » *contraint à faire ce que la Loi n'ordonne* » *pas*, nous déclarons formellement que nous » ne défendrons point devant la Haute-Cour de » Justice, que nous ne pourrons jamais cesser » de regarder comme incompétente. »

Pour apprécier la protestation dont il s'agit, il est nécessaire d'examiner deux points principaux. Est-il vrai que la Constitution ait formellement, absolument, et dans tous les cas possibles, restreint la Juridiction de la Haute-Cour de

Justice aux Membres du Corps Législatif et du Directoire. Est-il vrai que ce soit par la seule force de la Loi du 24 Messidor que les Réclamans sont traduits devant vous ? Nous espérons démontrer la négative de ces deux propositions.

Il y a, · dit l'article 265 de la Constitution,
» il y a une Haute Cour de Justice pour juger
» les Accusations admises par le Corps Légis-
» latif, soit contre ses propres Membres, soit
» contre ceux du Directoire Exécutif ; les actes
» d'Accusation, dit l'article 271, sont dressés et
» rédigés par le Conseil des Cinq-Cents. »

Le véritable sens de ces deux articles, n'est pas équivoque. Il n'est aucun Législateur qui n'ait senti qu'une garantie spéciale, étoit nécessaire aux hommes, qui, remplissant de grandes fonctions, et exerçant un grand pouvoir, sont naturellement exposés à l'envie des ambitieux, au mécontentement des esprits turbulents et inquiets, au ressentiment des intérêts particuliers qu'ils attaquent, aux vengeances des factions qu'ils compriment. Voilà pourquoi la Constitution n'a pas voulu que les Représentans du peuple et les Membres du Gouvernement fussent traduits devant les Tribunaux ordinaires ; voilà pourquoi elle n'a confié qu'au Corps Législatif le droit de les mettre en accusation ; voilà pourquoi elle a établi pour les juger, une Haute-Cour à laquelle elle a imprimé le sceau d'une véritable Représentation Nationale Judiciaire qui se développe, et se montre, suivant l'expression de Portalis, avec tous les caractères inséparables de la Souveraineté.

Pénétrés des hautes considérations qui ont déterminé l'Institution de la Haute-Cour, les Législateurs ont dit : *Il y a une Haute-Cour de Justice pour juger les Accusations admises par le Corps Législatif, soit contre ses propres Membres, soit contre ceux du Directoire Exécutif;* ils ont ajouté : *Les actes d'accusation sont dressés et rédigés par le Conseil des Cinq-Cents.* Que résulte-t-il de ces deux Articles? Qu'un Membre du Corps Législatif, qu'un Membre du Directoire Exécutif ne peuvent être jugés que par une Haute-Cour. Que le Conseil des Cinq-Cents, seul, peut dresser et rédiger un acte d'accusation contre un Membre du Corps Législatif, contre un Membre du Directoire Exécutif.

Il est évident que ces deux articles de la Constitution ci-dessus cités, seroient violés, si un Représentant du peuple, ou un Membre du Directoire étoient compris dans un acte d'accusation dressé ailleurs qu'au Conseil des Cinq-Cents, s'ils étoient traduits devant un Tribunal autre que la Haute-Cour de Justice. L'existence de ces deux articles de la Constitution ne peut absolument concorder avec la présence d'un Représentant du peuple, ou d'un Membre du Directoire, devant un Tribunal ordinaire, sur une accusation admise par un simple Jury.

Il est encore évident, d'après les articles de

la

la Constitution, qu'une Haute-Cour ne peut exister, s'il n'y a un Représentant du peuple ou un Membre du Directoire, en jugement; s'il n'y a un acte d'accusation dressé et rédigé par le Conseil des Cinq-Cents. Ce n'est qu'à la voix du Corps Législatif que peuvent se rassembler les Élémens épars d'une Haute-Cour; elle usurperoit la Souveraineté Nationale, si elle se formoit sans être appelée par une proclamation rédigée et publiée par le Conseil des Cinq-Cents, et sa Juridiction ne peut commencer que sur une accusation admise par le Corps Législatif, soit contre ses propres Membres, soit contre ceux du Directoire.

Mais voici la Haute-Cour formée, en vertu d'une proclamation publiée par le Conseil des Cinq-Cents, elle a dû nécessairement être formée, parce qu'une accusation a été admise par le corps législatif, contre un de ses membres. C'est le conseil des cinq-cents qui a dressé et rédigé l'acte d'accusation; cependant le même fait, le même délit est aussi la matière d'une accusation admise contre un autre individu devant les juges ordinaires, par un simple jury. Seroit-il vrai qu'on ne pût, sans blesser la Constitution, déferer à la Haute-Cour, le jugement de cet individu, contre qui un simple jury auroit porté l'acte d'accusation.

Point de termes limitatifs ni prohibitifs, à cet égard, dans les articles de la Constitution; nulle part il n'est dit que la Haute-Cour *ne pourra juger que* des membres du corps législatif ou du Directoire exécutif; nulle part il n'est dit qu'elle *ne pourra connoître que* d'actes d'accusation dressés et rédigés par le conseil des cinq cents; l'article CXIV qui veut réellement établir une prohibition formelle, s'exprime ainsi : « un membre du corps législatif ne peut « être traduit devant aucun autre tribunal que « la Haute-Cour de justice.

Tel est le langage d'une loi qui veut limiter, qui veut prohiber : une loi ainsi conçue est violée, si on entreprend de faire ce qu'elle a dit formellement ne pouvoir être fait. Or, nous le répétons, y a-t-il un texte de loi qui dise : « nul « ne peut être soumis à la juridiction de la Haute- « Cour, s'il n'est membre du corps législatif « ou du directoire, s'il n'est frappé d'un décret « d'accusation dressé, rédigé par le conseil des « cinq-cents? Non : ces expressions ne sont point dans la Constitution, et c'est cependant en supposant sans cesse, qu'elles y étoient textuellement écrites, que les réclamans ont trouvé une violation à la Constitution dans leur traduction devant la Haute-Cour de Justice.

L'Éminent pouvoir de la magistrature d'une Haute-Cour de Justice, ne permet pas qu'elle soit permanente : il est bon qu'elle demeure invisible et nulle, à moins que la nécessité de sa présence ne soit reconnue par le corps législatif; mais quand une fois elle existe, peut-on prétendre que son pouvoir seroit plus restreint que celui des tribunaux ordinaires ; que sa juridiction reconnaîtroit des limites qu'un tribunal ordinaire ne trouveroit aucun obstacle à franchir?

Or, n'est-ce point une maxime reconnue de tout temps, que l'indivisibilité du délit exige l'indivisibilité de la procédure ? Tout tribunal saisi de la connoissance d'un crime, n'a-t-il pas toujours, et nécessairement, attiré à lui la connaissance de tout ce qui est connexe ; en instruisant le procès d'un accusé soumis à sa juridiction, n'a-t-il pas toujours, et nécesairement, étendu cette juridiction sur tout individu que la procédure lui indiquoit comme complice ?

Remarquons que cela ne s'opère pas seulement par l'effet d'un principe généralement adopté, qui permettroit, peut-être, aux réclamans de dire, comme ils le font, qu'un principe, quelque certain, quelqu'éternel qu'il puisse être, par cela seul, qu'il n'est point écrit dans la Constitution, ne peut être mis en balance avec un autre principe que la Constitution a formellement consacré ; tel que celui que *nul ne peut être distrait des juges que la loi lui assigne* ; mais c'est quelque chose de plus fort qu'un principe, qui détermine l'indivisibilité de la procédure, lorsqu'il s'agit d'un seul et même délit ; c'est la nécessité des choses, nécessité qui, indépendante des institutions humaines, briseroit celles qui voudroient les méconnoître, et n'a pas besoin, par conséquent, d'être appuyée de leur trop fragile soutien.

Ai-je donc besoin qu'une loi déclare qu'une même chose ne peut exister à la fois en deux lieux différens? Voilà pourtant la véritable base du principe qui ne permet pas que sur un seul délit, plusieurs personnes soient poursuivies en même temps, dans différens tribunaux. Si cette nécessité étoit reconnue dans l'ancienne procédure criminelle, où tout se constatoit par des procès verbaux authentiques, où les témoignages se consignoient par écrit, où les preuves légales étoient seules admissibles : combien cette nécessité n'est-elle pas plus impérieuse, plus absolue, depuis l'instruction du jury, dans laquelle, témoignages, confrontations, défenses, tout est oral et ne laisse aucune trace; dans laquelle un jury puise sa conviction, jusques dans les gestes, dans le son de voix, dans la couleur des prévenus, pendant le cours du débât ; quels précieux renseignemens peuvent résulter de la présence des accusés, les uns vis-à-vis des autres? Aveux, dénégations, contradictions, choc des défenses respectives; n'est-ce pas de tout cela réuni au même foyer, qu'on peut espérer voir sortir un faisceau de lumière, capable de dissiper les nuages dont le crime a coutume de chercher à se couvrir? C'est-là que le mensonge est confondu; c'est-là que la vérité se manifeste, à cette même, à cette unique discussion; l'innocent est justifié, précisément par tout ce qui accable le coupable.

Divisez la procédure, instruisez-là, en divers
Tribunaux; isol.z les Accusés; le débat perd
son plus grand intérêt; les incertitudes se mul-
tiplient, les lumières s'affoiblissent, la vérité
s'obscurcit, les nuages s'épaisissent, le coupable
a plus de facilité à s'envelopper de ténèbres;
et ce qui est bien plus déplorable encore, l'innocence perd les plus sûrs moyens de se mani-
fester aux yeux d'un Jury impartial.

Voilà ce qui constitue, plus que jamais, la
nécessité d'iustruire dans un même Tribunal
les Procès qui ont pour objet un seul délit, auquel cependant plusieurs individus n'ayant point
un domicile commun, auroient concouru par
des faits passés en des lieux différens; aussi point
de doutes dans la pratique constamment et uni-
versellement suivie. Les faits connexes ont par-
tout légitimé la connexité des procédures, et
un même Tribunal est toujours demeuré seul
juge, de tous les prévenus du même délit.

Le Tribunal de Cassation a plus d'une fois
reconnu cette nécessité, et s'y est conformé dans
plus d'un de ses Jugemens. Vainement l'auteur
de la Réclamation a-t-il cherché dans les archives
de ce Tribunal, un exemple dont il a cru pouvoir
tirer avantage; il est aisé de vérifier que l'espèce
n'avoit aucune analogie à la question qui s'agite
en ce moment.

La Convention, dans la plénitude du pouvoir
qu'elle exerçoit, avoit attribué au Tribunal

Criminel du Département de l'Isère , la connoissance des trop fameux massacres de Lyon. L'affaire étoit encore pendante lorsque fut acceptée
et proclamée la Constitution de l'an 3 , qui pros-
crit toute attribution, toute commission. L'Accusateur public du Tribunal Criminel de l'Isère
douta s'il pouvoit suivre l'effet de l'attribution
résultante du Décret de la Convention. Il pré-
senta ses doutes au Corps Législatif. D'un autre
côté, le Directoire faisoit demander au Tribunal
de Cassation que, pour cause de sûreté publique ,
il renvoyât à un Tribunal étranger au département du Rhône, la connoissance des nouveaux
crimes dont la Commune de Lyon étoit encore
devenue le Théâtre Le Tribunal de Cassation
refusa de statuer sur le réquisitoire du Commis-
saire du Pouvoir Exécutif, parce que la demande
en renvoi étoit vague, indéfinie, ne se restrei-
gnait pas à des faits particuliers dont on pût
juger avec certitude qu'il fut prudent, pour la
sûreté publique, de renvoyer la connaissance à
un Tribunal éloigné de l'atmosphère des passions
qui avoient produit tant de désastreux événemens. Voilà pourquoi le Réquisitoire du Com-
missaire du Directoire Exécutif fut constamment
rejetté par plusieurs décisions du Tribunal de
Cassation ; décision solemnelle du Tribunal en-
tier, toutes les sections réunies; et l'inaction de
l'Accusateur public près le Tribunal Criminel du
Département de l'Isère, légitimée au Conseil
des Cinq-Cents par un ordre du jour, motivé

sur ce que toute attribution avoit cessé par la proclamation de l'Acte Constitutionnel.

Mais aucun fait de la compétence du Tribunal Criminel du Département de l'Isère n'avoit formé la matière d'une instruction pardevant lui ; il n'étoit saisi de la connoissance d'aucun délit auquel on eut pu dire qu'étoient connexes les massacres de Lyon ; il n'y avoit pas eu dans le Département de l'Isère, des événemens de même nature, qu'on eût pu croire dépendre de causes communes, et former un même délit ; il n'y avoit point enfin d'individus qui, traduits devant le Tribunal Criminel de l'Isère, pour faits de sa compétence, fussent, en même temps, prévenus d'être complices des massacres de Lyon.

L'attribution donnée au Tribunal Criminel du Département de l'Isère, étoit donc absolument arbitraire ; le Tribunal de Cassation, en repoussant la demande que lui avoit fait présenter le Directoire, et le Conseil des Cinq-Cents, en passant à l'ordre du jour sur les questions que lui avoit adressé l'Accusateur Public près le Tribunal Criminel du Département de l'Isère, ont rendu hommage au principe : que *nul ne doit être distrait des Juges que la Loi lui assigne* : mais ils n'ont aucunement supposé qu'un même Procès, sur un même délit, pût être instruit à la fois, en des Tribunaux différens ; hypothèse absurde et aussi révoltante que le seroit la proposition qu'une chose peut exister à la fois en deux endroits différens.

Une premiere conséquence de toute cette discussion, c'est que si les réclamans se trouvent traduits devant la Haute-Cour de Justice, c'est moins en vertu de la loi spéciale du 24 messidor, à laquelle on auroit donné, à leur égard, un effet rétroactif, qu'en vertu d'un principe éternel en vertu d'un ordre de choses nécessaire. La loi du 24 messidor, n'a fait que reconnoître et déclarer que dans le cas d'existence d'une Haute-Cour, ce seroit devant elle que, conformément à la règle générale et au droit commun, se réuniroient les diverses procédures qui pourroient indiquer les complices du Représentant du peuple ou du membre du Directoire, à l'occasion de qui la Haute-Cour de Justice auroit été convoquée.

Ce n'est point avoir contredit le principe, que d'avoir déclaré que la Haute-Cour une fois dissoute, les accusés contumaces, autres que les membres du corps législatif et du Directoire, seroient jugés par le tribunal criminel de leur Département. Voilà donc, s'est-on écrié : le voilà donc détruit ce principe qui veut que tous individus accusés d'un même délit, soient jugés par un même tribunal; le voilà divisé, ce procès qui devoit être un, ou plutôt ajoute-t-on : voilà l'hommage rendu au principe qui ne permet pas de distraire les accusés de leurs juges naturels.

Ce sophisme se détruit en remarquant que le principe de l'indivisibilité n'a lieu, et que sa nécessité ne se fait sentir que lorsque plusieurs accusés pour un même fait sont *en même tems* en jugement ; une chose, avons-nous dit, ne peut être à-la-fois, en des lieux différens ; mais nul obstacle, qu'une même chose passe successivement en divers lieux ; ainsi, lors qu'une instruction est consommée dans un tribunal sur un délit, vis-à-vis un individu, si postérieurement, un complice du même délit vient à être découvert, plus d'utilité, plus de nécessité, s'il n'est pas naturellement justiciable du tribunal qui a fait la première instruction d'y porter la seconde. En vertu de quoi, ce tribunal l'attireroit-il, n'étant plus saisi de l'instruction, par la seule force de laquelle il aurait pu l'attirer ?

Lorsqu'un procès est terminé, l'accusé a été condamné ou absous : dans l'un ou l'autre cas, il ne peut plus reparaître en jugement, il ne peut être soumis à un nouveau débat. Quel motif resterait-il encore d'amener au tribunal qui aurait instruit le premier procès, des accusés qui n'en seraient pas naturellement justiciables ?

Un procès terminé n'est plus ; rien ne peut donc lui devenir connexe, rien ne peut lui être réuni, et quelqu'inconvénient qu'il y ait, à ce que des individus accusés d'un même délit ne soient pas jugés ensemble, il faut bien s'y soumettre, lorsque ce n'est qu'après le jugement définitif des premiers prévenus qu'on en découvre ou qu'on en saisit de nouveaux.

Ainsi donc, tant que la Haute-Cour convoquée à l'occasion d'un Représentant du peuple existera, tant qu'elle aura à juger ce Représentant du peuple mis en accusation par le Corps législatif, les divers individus qui, pour raison du même délit, se trouveront mis en accusation dans les diverses parties de la France, seront amenés et traduits devant la Haute-Cour. Mais quand le Représentant du peuple aura été jugé, la mission de la Haute-Cour sera terminée, elle sera dissoute, et des nouveaux accusés des mêmes faits ou des contumax reparoissants, ne pourront plus être traduits que dans les tribunaux ordinaires; car, une Haute-Cour ne peut exister que pour un Représentant du peuple ou pour un membre du Directoire; ce n'est que tant qu'elle a à juger un Représentant du peuple ou un membre du Directoire, que sa juridiction est légale; c'est là que la Constitution seroit violée, s'il existoit une Haute-Cour devant laquelle il n'y eût pas *actuellement* en jugement un Représentant du peuple ou un membre du Directoire.

Le principe de l'indivisibilité de la procédure criminelle ne peut donc être combattu, comme les Réclamans ont essayé de le faire, par les argumens qu'ils ont cru pouvoir tirer de la disposition de la Loi qui renvoie les contumax aux Tribunaux ordinaires, dans le cas où ils ne reparoitront qu'après que la Haute-Cour sera dissoute.

Et les Réclamans eux-mêmes, ne semblent-ils pas rendre hommage au principe de l'indivisibilité de la procédure, lorsqu'ils agitent la question de savoir pourquoi c'est Drouet qui les attire à la Haute-Cour, et pourquoi ce ne sont point eux qui l'attirent devant leurs Juges. Drouet, disent-ils, est contumax; Drouet n'est pas le principal accusé; il n'est prévenu que d'avoir pris part à la conspiration dont on accuse quelques-uns d'entre nous d'être les chefs et les auteurs; c'étoit donc à Drouet à nous suivre devant les Juges déjà saisis de l'instruction de ce délit.

La réponse à cette objection est écrite en toutes lettres dans la Constitution; c'est l'article 114 déjà cité, qui porte : *un Membre du Corps Législatif ne peut être traduit devant aucun autre Tribunal que la Haute Cour de Justice.* Voilà l'obstacle insurmontable qui n'eût pas permis de renvoyer Drouet devant un Tribunal ordinaire.

Qu'il soit contumax, qu'il soit prévenu d'être chef ou complice de la conspiration dont il s'agit, il faut instruire, il faut le juger, et aucune circonstance ne peut permettre qu'un Représentant du peuple soit jugé par un tribunal autre que la Haute-Cour de Justice : le texte est formel; les termes sont absolument prohibitifs.

Nous avons fait voir au contraire que la constitution, en énonçant que la Haute-Cour de Justice avoit lieu pour juger les accusations admises, par le Corps Législatif, soit contre ses propres membres, soit contre ceux du Directoire Exécutif, ne portoit aucune défense d'y traduire d'autres accusés, lorsqu'ils s'y trouveroient amenés par les principes généraux, par le droit commun, par la force des circonstances. Car la Haute Cour une fois existante, elle doit instruire et juger conformément aux règles établies pour les tribunaux criminels; la marche de la Haute-Cour n'est différente de celle des tribunaux criminels ordinaires que dans les points auxquels il a été spécialement dérogé par les Lois qui lui sont propres.

Or, c'est une règle générale que celle de l'indivisibilité de la procédure sur un même délit. Aucun texte ni de la Constitution ni d'aucune Loi, ne forme obstacle à ce que cette règle soit suivie à la Haute-Cour de Justice, elle doit y être observée.

Qu'on cesse donc de présenter la Haute-Cour de Justice comme dénaturée avant sa première existence ; qu'on cesse de prétendre que de nouveaux pouvoirs lui sont inconstitutionnellement confiés ; qu'on cesse de lui prêter ces caractères effrayans et odieux, à l'aide desquels on ne rougit point de l'assimiler *à ces Tribunaux de sang, à ces Tribunaux révolutionnaires qui ont couvert la France de désolation et de deuil.* (1)

---

(1) Page 55 de la Protestation imprimée.

Non , la Haute-Cour de Justice n'étendra
point sa Juridiction et ses Droits ; elle se refu-
seroit à exercer des pouvoirs qui excéderoient
les limites que la Constitution lui a prescrites ;
terreur des coupables , mais appui de l'innocence , elle ne ressemblera point à ces tribunaux révolutionnaires que la France n'a vu que
comme ces météores terribles qui souillés de taches
livides et sanglantes, n'apparoissent tout-à coup,
au milieu des agitations convulsives de la nature
bouleversée , que pour achever de troubler le
ciel , et de ravager la terre. Une Haute-Cour ne
se formant qu'à la voix du Législateur, composée
d'Elémens constitutionels, se gouvernant suivant les règles générales et les Lois promulguées,
ne se levera jamais sur l'horrison de la Répu-
blique que comme un astre dont la présence
quoiqu'accidentelle , ne cessera jamais d'être
rassurante, parce que son cours régulier se co-or-
donnera toujours avec tous les mouvemens de la
sphère sociale.

Et, ne nous seroit-il pas permis de rappeler
ici aux accusés, ce que déjà nous avons eu occasion de faire remarquer sur la multiplicité des
précautions qui ont été prises pour assurer tant
dans les Juges que dans les Jurés qui compo-
seront la Haute-Cour, la plus certaine réunion
de l'impartialité, des vertus et des lumières ? A
quelle déclamation ne s'est pas livré l'auteur de
la protestation que nous combattons ici, lorsque
supposant par erreur, qu'en cas d'absence des
Hauts-Jurés, ils pourroient être remplacés par

des Jurés pris au sort, sur la liste de ceux du Département dans lequel siége la Haute-Cour, il s'écrioit : *O composé monstrueux ! ô chef-d'œuvre des passions ! Nos Jurés ne seront pas des Jurés élus par le peuple ; ce sont des Élus d'une Administration Départementale, destituable et remplaçable par le Gouvernement ; c'est-à dire que ce sera le Gouvernement lui-même, notre accusateur, notre persécuteur, qui nommera les Jurés.*

Le Rapporteur a déjà remarqué que, ce que redoutent les Réclamans dans la composition de la Haute-Cour, ne pourra jamais avoir lieu. La Loi a pourvu à ce que de Hauts-Jurés appelés, ne puissent, en cas de légitime empéchement, être remplacés que par d'autres Hauts-Jurés, tous nécessairement les Élus du peuple ; mais qu'arriveroit-il à ces accusés, si, comme ils le demandent, ils étoient renvoyés devant leurs tribunaux criminels respectifs ?

L'accusation est de la nature de celles que les Lois soumettent à des Jurys *spéciaux* ; or, qui forme la liste des Jurés spéciaux ? Le Président de l'Administration Départementale. N'est-il pas notoire qu'à Paris, l'Administration Départementale a été formée de sujets choisis et nommés par le Directoire ? Ce péril imaginaire et qui allarmoit tant les Réclamans de rencontrer dans le Haut-Jury quelques Jurés de remplacement, du choix médiat du Gouvernement, ce peril, ne le retrouveroient-ils pas réel, absolu, effrayant,

(23)

si, retournant à Paris, comme ils le demandent,
ils n'y pouvoient trouver qu'un Jury spécial
formé sous l'influence la plus immédiate de ce
Gouvernement qui a dénoncé la conspiration dont
il s'agit, et qu'ils affectent de regarder comme
leur persécuteur.

Mais voulons-nous trouver quelques-uns des
accusés tombans dans des contradictions avec
eux-mêmes, plus frappantes encore que celles
que nous venons de relever? Choisissons ce
que Darthé et Babeuf ont dit dans leurs in-
terrogatoires devant le Directeur du Jury de l'arrondissement de Paris.

Qu'elle a été la réponse de Darthé à la première
question qui lui fût faite? « Dénoncé par le
» Gouvernement, a-t-il dit, poursuivi, arrêté
» par lui, prévenu d'être son ennemi, d'avoir
» voulu le renverser, je ne puis être jugé par
» des tribunaux nommés par lui, qui ne sont
» composés que de ses créatures. C'est avoir le
» Gouvernement pour juge et pour partie, ce
» que ne permet aucune association possible. (1) »

Et c'est le même homme qui a fait cette
déclaration solemnelle, qui décline aujourd'hui
une Haute-Cour, où il ne rencontre et ne peut
rencontrer aucune créature du Gouvernement;
où il ne rencontre et ne rencontrera que des Elus
du peuple; une Haute-Cour en qui réside entiè-
rement cette indépendance du pouvoir judiciaire,

____

(1) Interrogatoire devant le Jury de l'arrondissement de Paris.

sauve-garde essentielle pour les accusés, d
une affaire où le Directoire et le corps législ
sont, l'un dénonciateur, l'autre accusateur.

C'est ce qu'à formellement reconnu Bab
lui-même, qui essayant de démontrer dev
le Directeur du Jury, que la nature du
lit pour lequel il étoit poursuivi, étoit t
que les tribunaux ordinaires n'en pouvaient (
noître, *nous avons*, s'écrioit-il, *nous av
la Haute-Cour dont la position d'indép
dance et le genre des attributions, la 1
peut être dans le cas de devoir, conno.
de ce procès !* (1)

Il est vrai que Babeuf ajoutoit qu'il a
encore quelques doutes sur le point de sa
si l'institution de la Haute-Cour lui laissait t
la latitude qu'il croyait nécessaire pour po
dans son affaire un jugement impartial et é(
table ; mais toujours soutenait-il qu'il ne pou
être soumis aux tribunaux ordinaires, qu'il récl
aujourd'hui : toujours soutenait-il que s'i
avait lieu à le poursuivre, ce ne pouvait (
que devant la Haute cour de justice, qu'il déc
en ce moment ; et tout ce qu'il paroissoit crair
alors, était que *l'immense pouvoir du G
vernement ne lui permît pas l'accès dev*
cette Juridiction.

Ainsi vous pouvez reconnaître, citoyens Ju(
qu'en quelque tribunal que fussent traduit

----

(1) a°. interrog. de Babeuf devant le Direct. du Jury de l'Ar. de Pa
réclama

réclamans, ils ne manqueroient pas de prétex-
ter pour en soutenir l'incompétence, et leur véritable prétention en dernière analyse, seroit de
n'être soumis à aucun espèce de jugement.
Hâtez-vous de rejetter formellement le déclinatoire qu'ils vous ont proposé; sûrs d'une compétence que vous tenez de la Constitution et
des principes, annoncéz aux accusés, que de vains
subterfuges ne pourront désormais arrêter ni
suspendre l'exercice de vos pouvoirs. Espérons
qu'ils ne persisteront point dans la résolution
qu'ils annoncent, de renoncer à se défendre
devant vous; croyons du moins que cette résolution désespérée, ne pourroit se maintenir
que dans ceux, qui ne pouvant se dissimuler
à eux-mêmes leur culpabilité, ne conserveroient
aucun espoir d'atténuer les preuves dont ils se
trouveroient accablés; mais que l'innocence ab-
jurant une fatale erreur, ne voye dans la Haute-
Cour, que des Juges constitutionnels, que des
Elus du peuple; qu'elle reconnoisse que là, elle
ne pourra être jugée que par ses Pairs; que
paroissant devant vous avec cette confiance qui
doit être son véritable apanage, elle seconde
par une légitime défense, ce vœu que vous
avez manifesté en vous installant, de faire éclater
son triomphe.

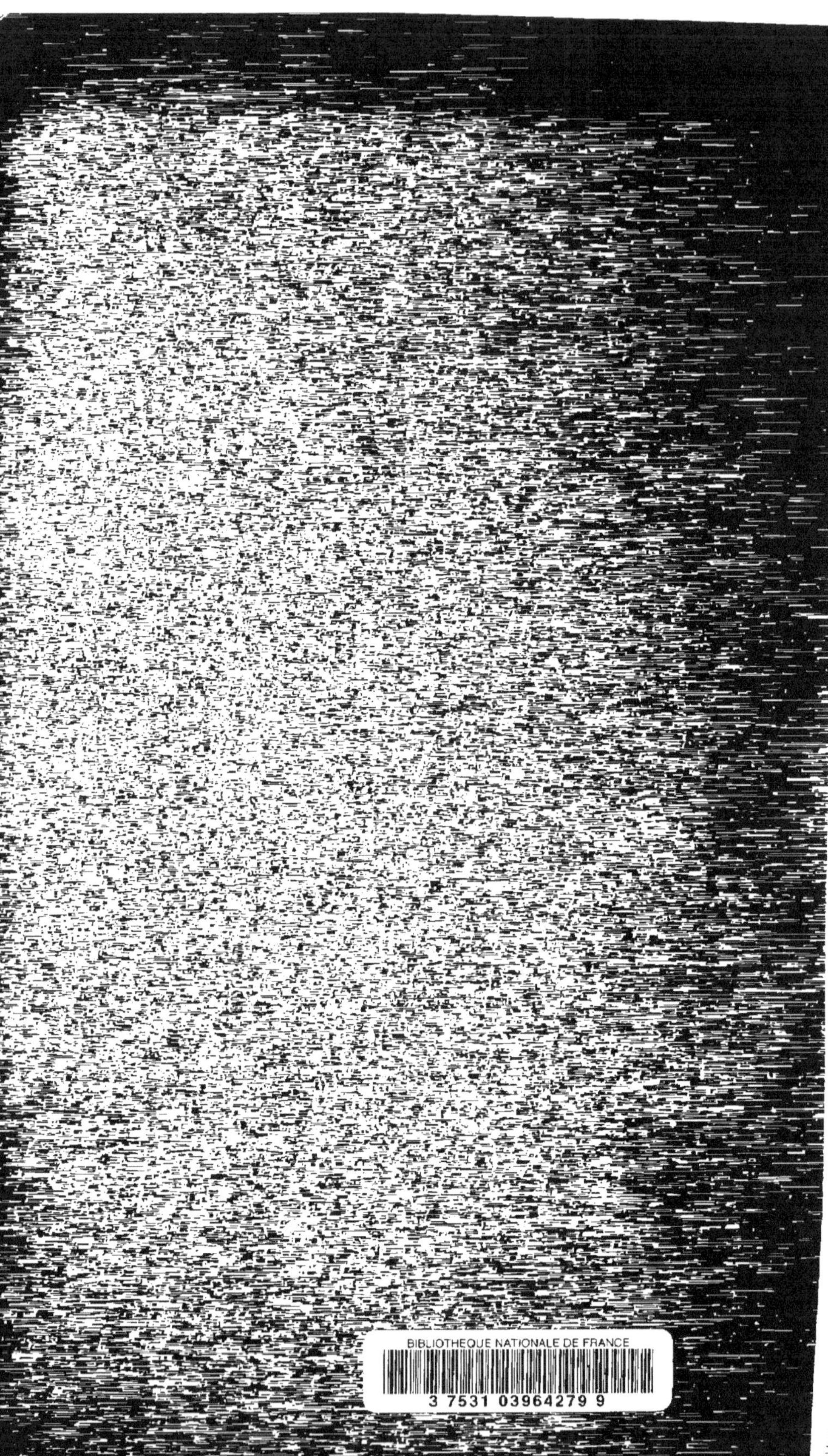

www.ingramcontent.com/pod-product-compliance
Lightning Source LLC
Chambersburg PA
CBHW051353050726
47595CB00006B/2530